JN418734

ISan

시인 이산

사뜸마을의 샘

이산 시집

사뜸마을의 샘

Poetics 시학

■ 서문

이산 시인이 첫 시집을 묶는다
그의 첫 시집 발간을 크고 기쁜 마음으로 축하드리는 바이다
이산 시인의 본명은 김영환으로 충청도 청주에서 태어났으며
『문학세계』로 등단했다
이산 시인은 시만이 아니고
다양한 학문의 깊이와 폭을 가진 시인이다
그래 시가 단조롭지 않고 그 깊이와 폭이
남들보다 깊고 높다

뜰 앞
목련이 웃는다

「목련」
시명이다
단조롭지 않다
3연 11행의 시다
작은 우주 안에는 다양한 생명체들이 살아 있다
나무들과 풀 그리고 동물들 곤충 그리고 우리들이 있다

네가 무엇인지, 뿌리째 모두, 속속들이 안다면,
신과 인간이 무엇인지 알 수 있으련만

테니슨의 「담장 틈바귀에 핀 한 송이 꽃」
이란 시의 일부분이다

시는 끝도 없이 변모하고 있다
미국에서 철학박사 학위를 받고
세계의 석학들을 만나기 위해
독일로 가 하이데거를 만났고
카를 야스퍼스를 만나기 위해 다시 스위스로 갔다
그의 서재에는 철학 서적보다 시집이 더 많이 쌓여 있었다
그 철학박사는 이상한 생각이 들어 야스퍼스에게 물었다
어떻게 철학 서적보다 시집이 더 많습니다
현대철학을 공부하는 사람이 현대시를 읽지 않고
어떻게 철학 공부를 할까
야스퍼스는 철학자의 두뇌보다
시인의 정신이 크게 앞서 있다고 했다

　체코와 폴란드의 국경검문소
　앞차에 코 박고 하품하는
　유럽대륙간관광버스들
　발 없는 전깃줄은 국경 너머로
　통행증도 없는 참새 떼

날아오르며 깔깔거린다

「국경검문소」
1연 6행의 작품이다
통행증도 없는 참새 떼
5행이 갖는 작품정신

폴 발레리의
「해변의 묘지」를 떠올리게 한다
시인은 구름을 타고 하늘의 말을 한다

— 황금찬(시인)

■ 시인의 말

새벽에 일어나
집 앞
독립문을 바라보았다
허리 잘린 영은문을
시종 삼아 우뚝 서 있다
독립!
첫 시집을 내놓는다는 것은
시인으로 독립을 선언하는 일이다

시詩라고 내려놓았던 연과 행 속의
시어詩語들이 쭈빗거리고 있다
분명 부끄러움이 클 것이다
허나, 그 부끄러움을 높이 걸어
더 이상 못난 시를 쓰지 않기 위해
이렇게 첫 시집을 내기로 하였다

문 문 사이로
몰려오는
북풍을 맞으며
햇귀 하나가 직립하여 서 있다

2010년 1월
독립문 앞에서 이산

차 례

제1부 나는 어디에

제2부 사랑한다는 것은

제3부 산다는 것은

제4부 해 뜰 참

제1부

나는 어디에

냉이

벽도 지붕도 없는
시장 틈
서너 개도 안 남은 햇살은
자욱한 어둠을 밝히고

등 굽은 할미는 허리를 곧추세워
냉이, 달래, 마늘종, 취나물, 상치를
막판 떨이 친다

'저기 저 냉이 주세요'
'그건 안 팔아 오래되어 녹아 버렸어'

돈으로도 살 수 없는 늙은 냉이

늙으신네

석양의
만리동 고개

신문지, 보로박스 빼곡히 싣고
리어카를 끌고 가는
늙으신네

성긴 허연 수염
바람에 맡긴 채
숙인 머리를 결코
드는 법이 없다

산 나물

5월이 되면 생각난다
태백산장* 백선녀 할머니

어슴새벽
꼴망태 짊어지고
뜯어 온 산나물
그리워

수백 리 길 늘어진 목
열나절 드리우고
패스트푸드로 젖은 마음
애태울 때면

무쇠 솥에서
열반하는 목 없는 닭
점잖게 한마디 한다

기다려요. 산 나물 먹으려면

---

* 태백시 소도동에 있는 식당 이름.

내 친구 정하

여의도성모병원 13층
중환자실
갈아 넣은 골수로
AB형이 B형으로 변한
내 친구 정하가 누워 있다

메두사의 눈처럼
쳐다보기도 겁나던 눈이
의미 없이 떠졌다 가라앉는다
세상을 보는 눈이 아니다

키케로의 사자후를
토해 내던 입은
끊임없이 말을 하지만
이 세상에서 들을 수 있는
말은 없다

골리앗, 시저였던

내 친구 정하는

목에 꽂힌

빨대 속에만 있다

성우이용원

만리동 언덕길
세월의 더께로
메마른 몸을 비튼
성우이용원

탐욕
그리고 무딘 삶을
깎아 내는
이발사의 시퍼런
설검舌劍

느릿한 정담
가득한
의자에 앉으면
빛바랜 추억 사이로
세월이 흐른다

외조

화서역 2번 출구 아래
오두막 같은 트럭 좌판의 메마른 낚시터에서
푸짐한 아줌마가 연신 잉어를 낚아 올린다
월척은 없다

좌판 밑
동그마니 서 있는 연탄화덕에는
찰옥수수가 양은솥에 갇힌 채 거친 숨을 몰아쉬며
이제 놔 달라고 안개비 같은 눈물을 쏟는다

옥수수 두 개만 싸 달라는 소리에
환하게 웃는 아줌마가
육중한 몸을 특공대처럼 날려
뜨거운 삶을 비닐봉지에 담는다

어둠에 몸을 감춘 스피커에서는
역 너머에서 좌판을 열고 있다는
아저씨의 목소리 외조만

늦가을의 밤을 더듬는다

마시끄 쫀득쫀득한 찰옥수수가 있어요
따끈따끈하고 ㅇㅇ한 ㅇㅇ빵이 있~~
암만 들어도 무슨 소리인지 알 수가 없네요
승질이 급해서 그래유. 저도 뭔 말인지 몰라유

모스크바에서 온 여인

햇살조차 눈부시어 하는
촉촉한 안광
깊은 고요
그리고 긴 침묵
억눌린 장편소설을 담은 슬픈 눈
에 매달린 가냘픈 여인

차갑게 언
도스토옙스키의 넋
을 녹이려

그녀는
모스크바에서 왔다

청소부의 아침

사위가 잠들어야 열리는
청소부의 아침

어둔 골목
방황하던 버려진 삶
빗자루에 쓸리우는
불멸의 고통

아침 햇살
뒤로
잠시 몸을 누인다

명예퇴직

풍기의 천재로 불린 후
30여 년 동안
칸트의 시간으로 채어진
빼곡한 삶의 공간이
산산이 흩어졌다
불명예스러운 명예퇴직으로

일주일 내내
마른 물도 허락하지 않던
메마른 입술은
뿌연 혼돈만 뿜어내고
이제 떠날 때가 되었다는 이별은
핏물이 되어
목구멍 속으로 역류하는데

텅 빈 손의 종이가방에는
시든 명예만 가득하고
차마 돌리지 못하는 눈길이

찬 바람에 나부낀다
닫히는 엘리베이터 문 사이로

나는 어디에

○○은행 다니는 내 친구 ○○○입니다
가 어느 날부터인가
시인인 내 친구 ○○○입니다
로 바뀌었다

시인이란
호칭이 싫지는 않지만
나는 늘
시인의 그림자에 가려져 있다

표지석

1

일요일 저녁
동네 극장에서
시사회 〈이브닝〉을 보았다
당신의 별은 저 희미한 별
당신의 새는 칼새
당신의 꽃은 바람꽃
왜 자꾸만 내 것을 만드나요?
그래야만 당신을 오래도록 기억할 수 있으니까요
저 별을 볼 때마다
칼새를 볼 때마다
바람꽃을 볼 때마다……

2

시청역 광장
앙상한 추억 사이로
하얀 눈은 내리고
입 안 가득 터지는 옥수수 알마다

쫀득한 동화가 펼쳐진다
빛바랜 두툼한 편지를 뒤척이며 먹던
청국장에서
내 안의 표지석을 건져 올린다

나는 누군가에게 어떤 표지석으로
닻을 내리고 있는가

돌개바람

다소 틈이라도 나면
그 머뭇거리는 시간 사이로
어릴 적 툇마루가 삐져나온다

어느 때인가 툇마루에 누워
지구, 은하계, 우주를 생각했었다
문득
지우개로 나를 지웠다
150년도 더 되었다는 초가집이 사라졌다
지구를 지우고 은하계, 우주도 지웠다
세상이 사라졌다 그리고
시간도
머릿속 돌개바람이 나를 삼켰다

지금도 툇마루에 누우면
머릿속에는 돌개바람이 인다
코끝에 걸린 숨기운이
툇마루에 걸터앉으면
돌개바람이 그칠까

염殮

키보다 무거운 삶으로
꺾어진 무릎
삼 년 내내 한 칸 쪽방에 세상을 묶어 놓고
이따금씩 천둥소리만
귓등으로 훔치던 장작개비 장모님이
포르말린 향 짙게 머금고
차가운 철판 위에 누워 있다

국민의례 합장으로
태엽처럼 돌아가는 손길
열었던 숨 거두고
묵은 곡 닫고
팔십여 년 열었던 말 막고
유리창 너머 세상 내리고
팔 꺾고 다리 포개어
달걀 꾸러미 엮듯 연이어 삼베 끈 질끈 동여매
집동 하나 만들더니
냉큼 들어 나무 집들이 시킨다

휴게실 TV에선
검버섯 할미의 조문 소리만
한심하다 한심해
빈손으로 왔다가 빈손으로 가는 것이

노안

지진이 인 듯
창이 흔들린다
철당간처럼 우뚝 선 글자들이
무너져 내린다

부릅뜬 사천왕
눈으로도 모을 수 없는
젊은 날의 초상이다

낚시

차귀도 앞바다 채마밭
밭일 나가는
0.5톤 목선 한 척

통통통통 까치걸음 따라
겹겹이 물이랑 지고
이는 하얀 물꽃

바닷바람에 무수히 베어진
어부의 손끝에만
목을 내놓는
놀래기, 우럭

아침 광장

비거스렁이의 아침
내리다 만 매지구름 사이로
탐스러운 몇 가닥 햇살이
간밤의 고적을 더듬는 광장

버려진 페트병이
중풍 환자의 마비된 다리에 채여
광장을 구르며
기도하는 아침

허공에 뜬
발끝에
속죄의 소리 드높다

내 고향 사뜸

언제나 기이-인 고향 가는
외길은
세종로 된 지 오래고

언덕 위 학교 턱밑 동산에는
누더기 페인트 옷을 걸친 늙은 벤치가 한쪽 발을 절뚝이며
40여 년 전 차발 반장을 반기는데
완장의 무게로 차디찬 둔병에
거꾸로 처박혔던 추억장은 흔적도 없다

텅 빈 운동장에는
홍겨운 행진곡이 유령처럼 가로지르고
한편으로 물러선 나지막한 철봉대는
부러진 손자 팔로 가슴 에이던
할머니의 눈물로 녹슬고 있다

추억 저편으로 주저앉은 담벼락을 내려서면

63빌딩 아파트에 사로잡힌
코 맞댄 거북등짝 내 고향 사뜸이
힘겹게 숨을 토하고
30촉 백열등이 유월의 태양처럼 빛나던
그 초가집은 꿈처럼 아득하다

천지보다 더 맑았던
마을 샘은 파밭이 되고
군대 가는 연초제초장집 장형 인사 받던
오동나무 수문장이 베어진 자리엔
낯선 똥개만 눈을 부라린다

할아버지 연초 작두질 소리
길게 등을 눕히던 툇마루
동네 아낙들의 질펀한 정이
가득 찬 마구간 과방이
그립다

고모님이 하얀 눈물 흘리며
새나라택시 타고 신혼여행 떠나가던
그 옛길은
아직도 코흘리개의 옛이야기를 실어 나르는데
잿빛 하늘에는 재개발 플래카드만 나부낀다

말 상대

덤불머리 밑으로 세월의 계곡이
층층괴석으로 굴곡진 노파가
홀로 굽은 지팡이로
잠 덜 깬 어둠을
이리저리 두드린다
쉼 없이 여닫히는 늙은 풍금 소리가
계면조로 울고 있다
눈먼 소리 하나가 겨우 잡혔다
좀 쉬었다 가요 쉬었다가 좀 가요
세월이 구십 도로 더 굽은 노노파가
쏜살같이 달아난다

제2부

사랑한다는 것은

뜨개질

검정 벨벳 모자를 쓰고
불룩한 배를 주홍빛 스웨터로 감싼
여인의 뜨개질 소리가
러시아워의 지하철을 잠재운다

절대 후각을 가진 바늘 코가
빈틈 없는 시간으로
텅 빈 공간을 오가며
생명의 숨을 불어넣는다

한 올씩 엮어 가는 기다림 따라
커져 가는 털모자
참을 수 없는 행복이
입가로 번져 나간다

정화수의 비밀

강보에 싸인
한 쌍의 아기천사들이
첫 눈을 떴다

십여 년 긴---세월
생명의 늪 속에서 애끓는 사랑
못 견디어 한 번에 해탈한
딸이다 아들이다

눈부신 햇살의 날개를 보고
감춰진 달빛의 속살을 보는
그 영롱한 사리 바이칼 호수처럼 맑고
넘칠 듯한 젖무덤 더듬다
뚝뚝 떨어지는 사랑에 젖은
참을 수 없는 미소 평화롭구나

새벽마다 붉게 타오르던
정화수의 비밀을
너희들은 알겠니?

사춘기의 밤

어미의 산고로 돋아난 뼈와 살이
지친 콧물과 눈물로
가슴 훑어 내리는 밤에는
밤이 없다

개선문을 향해 달려가는
경주마의 말발굽 소리보다
리니지 몬스터의 괴성이 더 크게 울리는
책상 위에서 더디게 자라는 영혼이
울부짖는 밤이기에

두 달 모자란 열여섯 해
밤마다 펼쳐지는 이불 위로
혼돈의 달빛만 무수히 내려앉는 밤에는
밤이 없다

산다는 것이 무엇인지
어떻게 살아가야 할지

살아가야 할 시간이 오늘에 있는지
모르는 밤이기에

밤 없는 밤에는
애달픈 어미 가슴에
뜬
붉은 달만 검게 타누나

만토바*의 사랑

2007년 2월 8일 목요일
조선일보 1면
「"죽도록 사랑해"…… 신석기시대의 로미오와 줄리엣」
기사 제목 아래
꼭 껴안은 연리지 해골이 웃고 있다
반만년 만에
만토바의 사랑을 들켜 버렸다

제발
우리를 그냥 냅두세요

* 이탈리아 북부 지방으로 희곡 「로미오와 줄리엣」에서 로미오가 줄리엣의 사촌오빠를 죽이고 피신한 곳으로 나옴.

사랑한다는 것은

텅 빈 영혼의 샘으로
고이는
숨 향 머금은 그리움

너를 향해 치달아 가는
시간은 항상 영零이다
그 공간은 블랙홀

촉촉한 눈빛
바라만 보아도
슬며시 번져 가는 행복
입은 귀에 걸리고

죽음보다 무거운
사랑을 간증하고 싶어
지금 나는
난파된 타이타닉호의
나뭇조각 위로 너를 밀고 있다

빗방울

어슴새벽
창문 두드리는 빗방울 소리에
붉어진 눈시울
핏빛으로 물들고

밤새 그리던 숨 향
하얀 밤길 재촉해 와
창밖을 서성이는데

저미는 마음
참을 수 없어
창 너머로 손을 뻗다가
왈칵
눈물 떨군다

내 마음에 방이 있어요

내 마음에 방이 있어요

아침마다 쓸고 닦고
숨마다 향기 불어넣는
당신만을 위한 기다림의 방이 있어요

세상을 준다 해도 내줄 수 없고
이 몸이 사라져도 무너지지 않을
당신만을 위한 영원의 방이 있어요

청아한 하늘이 열릴 때면
설레는 단풍을 타고 오는
당신만을 위한 사랑의 방이 있어요

당신은 아시나요?

비보라 눈설레에도
꺼지지 않는 그리움이
당신의 방을 밝히고 있음을

밤

초여름 뜨거운
밤꽃 내음

갈 달빛 은은해
속살 벌린

긴 밤 채우는
치마폭 밤톨

기다림

마음 연못에
하루 같은 백 년을
꽃피우는
연향蓮香이 그리워

흐르지 않는 눈물로
백 년 같은 하루를
비추는
촛불 돋운다

꽃잎과 비수

젖빛 가득한 눈길이
가슴 저밀 때는
어두운 밤
진눈깨비라도
행복한 꽃잎이었습니다

건조한 문자조차
오던 길을 멈출 때는
하얀 낮
비 꽃이라도
낱낱이 심장을 찌르는 비수입니다

벗개인 내일은 꽃구름이 보일까요

죽은 사랑

한마디 마디마다
진주알로 영글던
속삼임이
폐광의 잡석이 되고

나지막한 울림도
심장을 격동시키던
전화벨 소리가
정시 열차의 희미한 기적으로 들릴 때

그 끝자락엔
죽은 사랑만 무수히 쌓인다

그리움

내가 일하는 르네상스 양식의
석조건물 뒤편으로
왜바람 타고 있는
노란 은행잎

작년 이맘때 찾아간
25여 년 전 녹전의 추억이
어리어

입술 갈라진 사이로
떨리는 그리움 쏟아지고
젖어 드는 눈가엔
쓰디쓴 미소만

첫사랑

내 마음에 걸려 있는
비너스의 추억

애잔한 그리움으로
되집어 가는 세월을 쫓아
내달려 가는 떨림

밖으로 걸어 나온 그녀는
오르가슴의 피, 정염의 살들이 빠져 버린
앙상한 그림자

아! 사라져 가는
나의 사랑이여!

신처용가

수안보에 물안개 자욱한 날엔
벌거벗은 처용이 춤을 춘다

둘이 넷이라 한들
다리의 마음인 것을

애초
처용의 옷은 없었다

어머니

산나물 한 소쿠리와
이틀 밤 고은
곰탕을 싣고

엄마 젖 그리워
더듬어 가는 그믐날
밤길

초저녁 잠 많으시어
일찍 주무시란 전갈은
어머님의 발꿈치만 높였나 보다

기침

초등학교 3학년 때부터 중학교 3학년 때까지
나는 결핵 환자였다
또 한 번의 싸움을 끝내야만
잠을 허락받는 밤이 싫었다
유령처럼 스며든 깃털이
끊임없이 목젖을 간질었다
절대 그 기만술에 넘어가지 않으려 했지만
번번이 나는 졌다
한번 터진 기침은 육체를 내준 후에야
나를 석방했다
미닫이문 너머 아버지가 버럭 소리를 지르셨다
그만 좀 해라 이놈아!

수능 공부를 하는 건넛방 해인이가
연발총으로 기침을 쏘아 대며
혼자만의 전투를 치르고 있다
그만 좀 해라 제발!

미닫이 너머

아버지의 큰소리가 그립다

목련

뜰 앞
목련이 웃는다

꺼내 놓지도 못하는
속내
향기로 머금고
살포시 다문 앙가슴
금강석보다 굳세지만

외로움에 떠는
바람결 애처로워
꽃잎은
왼통 북향이라네

숙취

술이 워낙 약하다 보니
남들이 밤새도록 마시는 술
몇 잔도 나에게는 독배다

어젯밤 강술의 형벌은 끔찍했다
들이켠 탐욕과 오만을 모두 쏟아 내고
쓰디쓴 핏물까지 바쳤지만
밥통은 여전히 격한 파도에 곤두박질치고
머릿속은 날선 이빨로 물어뜯기고 있었다

누군가 등을 두들겼다
뒤를 돌아보니
청소 아줌마의 애잔한 눈길이
엉거주춤 서 있었다
책상 위에 술 깨는 약 갖다 놓았어유
화장실 안에 재스민 향이 가득하다

제3부

산다는 것은

강둑에 서서

종일
명동에서 진땀 흘리다
석양을 쫓아
여의나루로

텅 빈 고요 가르는
갈매기 날갯짓 소리
마음 내린 강물은
바람결에 몸을 맡기고
허리에 두른 사랑이 버거워
연인들 걸음마다 시간은 주저앉는데

강둑에 서서 내려놓는
명동의 하루는
쓸쓸한 노을로 물들고 있다

먹구름

붉은 홍시
떨어진
앙상한 가지 사이로
봄, 여름 떠나고

먹구름 가득한
아침 하늘엔
하루 머물 자리조차 없구나

금今

빗방울 도끼로 내려찍듯
너럭바위 위로 파열하는
이
찰나 또한 영겁의 사실史實,
절대의 진실

허어, 영겁을 꿰어 가는
찰나는 영겁이라

버스

너울로 무악재를 넘어오는
눈보라 속 버스정류장
에 도착하는 사람마다 좌로 빳!
아무도 명령을 내린 적이 없다
얼음으로 부서져 내리는 인내심 뒤로
별똥별이 길게 사라져 간다
701번 버스가 도착했다 간신히
버스 계단 위 송곳발판에 발끝을 얹었다
눈꺼풀이 살포시 내려앉는다

두무진 초병

두무진 절벽
두서너 길 바다 건너
너럭바위엔
북으로 시선을 고정시킨
가마우지 초병이 있다

아마도
거포를 든 벼랑요새의 해병대원을
닮으려나 보다

망설이던
가마우지 한 마리
떨쳐 하늘로 날아오른다

산새 집

어둠을 밟고 티 없는 찬 바람을 맞으며
안산 봉화대에 섰다
건너 벌거벗은 인왕산 옆으로
금박 보름달이
하늘가에 꾹 눌러져 있다

며칠 내로 명퇴를 결정해야만 하는
밀려나는 50대의 고뇌도
딸애 대학시험 낙방을 차마 바라는
한강철교 위 애비의 출렁거리는 눈빛도
용산역과 관광터미널 연결 고가 위
너부러진 무숙자의 삐죽 나온 발목에 신문이불 덮어 주는
어미의 젖가슴도
거두어 버린 형형색색의 전등불이
발아래로 자욱이 깔리는데

성긴 가지 사이

걸터앉은

산새 집에는 호롱불도 없다

시인

어릴 적 할아버지 댁 삽작문 앞에는
오동나무와 짝을 이룬
마을 샘이 있었다
쉼 없이 물 위로 솟구치는
침어沈語들의 청숙淸淑한 진주
시인의 마음이다

설날 중국 CCTV가 보여 주는
타이리화의 천수관음 춤을 보았다
천 개의 눈
손 없는 시인의 눈이다

창가에 걸터앉는 은행잎 하나로
「가난한 연인들」*을 쓰는 것은
여린 햇살에도
자멸하는 이슬 같은
시인의 눈물이다

---

* 도스토옙스키가 쓴 소설.

미8군 재즈밴드

하나, 하나 둘
써전sergeant 김의 신호에 맞추어
미8군 군악대가 일렁인다

깊은 슬픔을 풀어내는
트럼펫의 자유,
트롬본의 기다란 욕정,
잔잔한 호수를 튕기는
기타의 미소,
자지러지는 바순의 옅은 신음,
소프라노와 테너 색소폰의 달콤한 입맞춤,
드럼의 심장은 고동치고

흑인 써전의 하얀 이빨 사이로
몽환의 재즈 바람이 불고 있다

산다는 것은

선하고
고결한
스님, 신부님, 목사님

굶주린 목구멍에선
거친 손을 내밀고
아랫도리는
아침마다 차양을 친다

산다는 것은
치사스럽고 고독한 것이다

우편함

차디찬 회색 벽
박제되어 버린 우편함

토담집 밖에서
군대 간 아들, 사우디로 간 남편에게
부뚜막의 정을
담아내던 전설이 있었다

'백화점 바겐세일'
'급전 알선'
'10억 만들기 부동산 경매정보'
……

허기진 입에는
오늘도
비릿한 탐욕의 미끼만 던져지고 있다

나 여기 있소!

달빛
어둠 튕기는
마을회관 앞 논들은
개구리들의 오페라 하우스

목숨을 건
처절한 세레나데

철 지나가는
한밤의 오페라 제목은
나 여기 있소!

길

어둠이 짙어지면서
길은 또렷해졌다

만 개도 넘을 전등불로
대낮처럼 환한 서산 시내로 들어서자
방향을 잃었다

길을 물었다
손가락 끝이 허공을 몇 번 돌고
굳게 닫힌 입술이
바쁘게 움직일 듯 멈추었다가
무겁게 한마디 내려놓는다
그냥 쭉~ 딴 데로 안 새면 오 분이면 갈 거유
몇 굽을 돌고 또 몇 개의 사거리를 지나자
터미널이 보였다

돌담 길의 아침

휘돌아 가는
돌담 길 따라
갓 구운 바닥돌 짚어 가는 아침

까치걸음마다
봄바람 슬바람에
꽃잎 웃음 떨어지고

싸한 아침 햇살 숨결에
뽀얀 속살을 여는
벚꽃 유혹이 짙어

까치 소리

인왕산 바위
걸터앉아 내려다보니
뜰아래 엎드린 서울내기들
큰 놈 작은 놈
올라 봐야 기껏 콩알이다

저쪽 저 푸른 기와집 노리는
대선 후보의 째지는 목청
개 짖는 소리에 실려
인왕사 종소리에 묻히고
개미들의 아우성으로

힐끗 돌아다본 나뭇가지 위
청아한 까치 소리
까~까~~

국경검문소

체코와 폴란드의 국경검문소
앞차에 코 박고 하품하는
유럽대륙간관광버스들
발 없는 전깃줄은 국경 너머로
통행증도 없는 참새 떼
날아오르며 깔깔거린다

북한산행

숨을 턱에 달고 오르는
뼈만 남은 앙상한
구기동 산길

내딛는 걸음마다
고3 아들의 깊은 좌절,
그리고 이제 가장자리 내려놓고 싶다는 친구가
무겁게 내려앉아
등산화 끈이라도 풀어졌으면
생각만 고이는데

저 멀리
이순신 장군 동상같이 굳건한
대남문 이마에 빛바람이 분다

서울광장

아침마다 내뙬성 동살로 씻기우는
서울광장에는 늘 푸른 바람이 분다

하이서울페스티벌의 들뜬 북소리
붉은악마 목울대 터져 나가고
미친 소 발굽에 맞선
장엄한 촛불의 분노가 범람한다

철마다 옷 바꾸는
서울광장에는 늘 패션 바람이 분다

포른 잔디 봄꽃이 웃고
폭염 속 치솟는 물보라 분수
청잣빛 하늘 밑 문화가 흐르고
형형색색의 루미나리에luminarie 아래
스케이트장에선 추억을 지친다

청하면 모든 것을 내주는

서울광장에는 늘 훈풍이 분다

숨 쉴 틈도 없이 이어지는
캠페인행사집회시위공연전시회
범종이 울리고 십자가도 드높은
종교보다 더 넓은 서울의 마음이 있다

동방의 빛
— 동방대학원대학교 학보 창간에 부쳐

삼각산 푸른 언덕에
반만년 질곡을 딛고
하얀 횃불을 드높여
잠룡의 눈을 열었다

일필휘지 승천하는
비룡의 마니로
오욕칠정의 정념을 닦아 내고
예지의 창을 들어
어둠의 내일을 들어올리며
우주로 내려가는 깊은 침묵을 갈아
대자유의 초원에 동방삭을 낳는다

은사들이 머물며
지혜를 키우는
동방의 채마밭에는
현룡의 눈빛이 광휘롭다

제4부

해 뜰 참

봄꽃

면사포도 쓰기 전
애부터 낳는
봄꽃은
갈꽃보다 사랑이 짙어

길고 긴
동토 깊은
질곡을 딛고

겨우내
모아 둔 숨 향 한 줌
박사薄紗 꽃잎에 담아
실바람에 날리운다

황사

개나리꽃
성긴
수묵화
인왕산

고비사막의 메마른
고뇌
짙게
내리울 때면

튀어 오르는
푸른 새순도
잠시
눈을
감는다

성류굴

왕피천 가에는
텅 빈 눈길 떨구는
성류굴이 있다

250,000,000여 년
묵묵히 탐욕의 때 갈아 내는
빈자리에
쉼 없는 해탈로
영롱한 사리 내놓아
법당을 짓고 탑을 쌓아
미륵불을 모시는데

이마에
새겨진 겁탈자의 허욕

옥, 건
화, 식

비봉

광활한 매우梅雨의 흔적도
드높은 추사의 허욕도
코끝 스치는
명주바람에 흩날리는데
볕뉘를 지고
가파른 비봉의 이마를
딛는 발끝은
파르르 떨고 있다

해 뜰 참

무거운 눈꺼풀
들어
하늘을 열면

어둠 밀어낸
햇살 다가와

밤새
죽어 간 비늘을 털고
청아한 솔 향 흩날리는

해 뜰 참마다
검푸른 심장
닦아 내는 정령들이여!

그림자 이불

어둠만 가득한
공원 벤치 위에 길게 누운
집 잃은 영혼

차가운 외로움에 고뿔 들까
잠 못 드는 나무 잎새
그림자 이불
내리우고

허공에 뜬 발끝
애처로워
시린 눈물 떨군다
달빛!

잠비

쉼 없이
흩뿌려져 내리는

애증의 넋,
탐욕의 혼,
허명의 령

밑으로
밑으로
피안의 강으로

검푸른 망각을 가르는
빛 너울 사이로
울려 퍼지는 오도송!

선장단

1,300여 년 전
정암사에 선장을 꽂고
장립불와로
선정에 든 자장율사

무거운 몸 내려놓고
벽공을 튕긴다 붉은 마음

노을 사냥

바람칼 세워
쓸리어 가는
새털구름

내리꽂는 부리 부리에
석양은
붉은 피를 토하고

몰리어 오는
어둠 바다로
지친 몸을 누인다

가을

청아한 바다
내 마음 씻으러
내려앉는 가을 하늘

참 맑다

산들거리는 손길
내 마음 다독이려
스쳐 오는 가을바람

참 시원타

발그레한 살품
내 마음 훔치려
유혹하는 가을 단풍

참 곱다

옹골찬
그리움 풀어내는
농익어 가는 가을 마음

홀로코스트

독립문공원 가로질러
밤새 쌓인
늙은 가을을 밟고
가는 길

게슈타포 칼바람에
수 수많은 별들이 노랗게 질려
쏟아져 내리는
홀로코스트 비명 소리

노란 치마, 붉은 매니큐어의
덧없음을
속으로만 읊조리는
소나무의 처연한 눈빛

홍시

을지로입구 교차로
외로운 섬
감나무 한 그루

수백만의 눈길에도
닿지 않던
빈 몸 가지마다
홍 홍 홍시

외로울까 봐
찾아온
참새 입맞춤
가슴은 붉게 젖어 들고

무릉계곡

깊은 청잣빛 하늘소반에
곱게 익은 가을마음 차려 놓고
귓불 훑어가는 산들바람에 일렀다
동해 무릉계곡에 가거들랑
용추폭포 건너 녹의홍삼 색시에게
내 갈 때까지 옷고름 풀지 말라고

시월의 땅끝

뼈마디 시린
왜바람에 부대끼던 시월의
마지막 석양을
바다 속 깊이 내려놓았다

땅끝으로 내딛는 예닐곱의 발자국
저마다의 자궁 속으로 스며들고
적막보다 무거운 고요만
선창가를 맴돈다

늘어선 수족관마다
활어들 웃음소리 물보라 치는데
턱 괴고 우두커니
졸고 있는
백열등

눈 내리는 날

인왕산 어깨 밑까지
내려앉은
하얀 면사포

플루트의 푸릇한 선율
질펀한 정염의 내음
고흐의 강렬한 붓 터치
도 벗어 버린
자코메티의 여인

빨갛게 익은
조막손들 웃음소리
눈밭 뒹구는 오늘은
눈 내리는 날

설밥 내리는 밤

차가운 밤
　나뭇가지
지붕
　　길
　　　위로
　　내려앉는
　　　눈
　　눈
　눈

솜털 손 내밀어
수인사하고
얼어 가는 몸
고요로 감싸 안는
설밥 내리는 밤은

어둠도 미움도
황촛대 밑으로 몸을 숨긴다

겨울바람

휘--이이잉~~~
휘잉이이 싸--아아아~

보라바람이 유리창 틈새로
청송곡 불어 대는
적요한 자시子時!

수백 리 길 달려온
애잔한 어머니 숨결
귓가에 맴돌고

희미해져 가는 어린 켯속을
한 장씩 넘기다 보면
어느새 햇귀는 아침을 들어 올린다

눈

1

기별도 없이

내려앉는

눈송이 송이

서로의

머리, 어깨, 무릎 위

자리를

아낌없이 내준다

2

헤아릴 수 없이

내려오는

눈송이 송이

팔자걸음

때로는 유성처럼

억만 개도 넘는 눈 발자국

소리 하나 없다

3
하늘과 땅
너와 나
하얗다 하얀 마음이다
눈송이 송이

가차 없이 짓밟히는
정욕의 발자국, 진창에
머리 둘 곳 없는 순결

4
넉가래에 쓸려 가는
비명 소리
눈송이 송이

뒷골목
외진 곳으로

5
오욕의 채찍, 찢겨진 살점을 제물로
세상의 모든 죄를 안고
눈송이 송이

부활의 햇살을 받아
승천을 한다

‘선의善意의 인간’ 의 시학

— 이산의 시세계

이 가 림

(시인 · 인하대 명예교수)

“시인은 이 세상을 남자가 여자를 보듯이 본다”는 인상적인 말을 남긴 유명한 시인 월리스 스티븐스는 평생 보험회사에 근무하면서 「지빠귀를 보는 열세 개의 방법」 같은 독특한 상상력의 시를 많이 쓴 시인으로 알려져 있다. 우리 시단에도 은행이나 금융 분야에 종사하면서 열심히 시작 활동을 한 문인들이 있는데, 그 대표적인 예를 들자면 작고한 박용래(조선은행 초창기에 잠시 근무) 시인, 김영태 시인, 그리고 여전히 왕성한 작품 활동을 펼치고 있는 원로 김광림 시인, 중견의 위치에서 성실히 시작에 몰두하고 있는 권택명 시인 등을 꼽을 수 있다. 이 시인들 모두가 시만 써가지고는 먹고살 수 없기에 은행원이 되었거나 금융 관련 직종에 종사하게 되었을 것으로 짐작된다. '전업시인' 으로 살아간다는 것이 사실상 기적에 가까운 일이며 거의 불가능한 생존방식이라는 것을 생각하면, 이 시인들이 그런 직업에 종사하게 된 것은 생활을 위해 필요불가결한 일이었을 것이다.

생활현실의 가장 대표적인 상징인 '돈' 을 다루는 일과 순수한 예술작업인 '시' 를 쓰는 일의 괴리와 틈새, 그 사이에서 삶의 냄새가 물씬 풍기는 시가 태어날 수 있는 것이기에, 은행 업무와 시작을 병행함으로써 오히려 더욱 긴장되고 현실감 넘치는 창작 성과를 남기게 되었는지도 모른다.

직업상 유사성을 지닌 이런 계보에 이산 시인이 자신의 이름을 '확실히' 올릴 수 있는 시인인지를 말할 단계는 아직 아닌 듯하다. 왜냐하면 이산 시인은 이미 완숙의 경지에 도달한 시인이 아니라, 이제부터 새로운 시의 광맥을 찾아 순금을 캐내야 할 창조적 가능성의 광부이며 내일의 광부이기 때문이다.

이 시인은 「나는 어디에」라는 시에서 "ㅇㅇ은행 다니는 내 친구 ㅇㅇㅇ입니다"라고 '김영환' (본명)이라는 인정받는 특정 은행의 직원으로 소개되기도 하고, 때로는 '이산' 이라는 시인의 호칭으로 다소 과분하게 소개되기도 하는 것에 대해 상당한 아쉬움과 부끄러움을 동시에 드러낸다. 이러한 아쉬움과 부끄러움의 감정 밑바닥에는 타인들에 의해 규정되는 허명虛名에서 벗어나 자신의 참다운 정체성을 찾으려는 순수한 의지가 깔려 있다 할 것이다. 특히 "시인이란/ 호칭이 싫지는 않지만/ 나는 늘/ 시인의 그림자에 가려져 있다"고 말하는 데서, 우리는 그가 '시인'이라는 이름으로부터도 자유로워지고자 함을 엿볼 수 있다. 범속한 일상인들에게 있어 시인이 흔히 현실에 잘 적응하지 못하는 공상가 또는 비현실적 환상을 좇는 사람쯤으로 인식되는 경우가 종종 있기 때문이다. 시인이라고 해서 돈 계산을 잘 못하는 것도 아니고, 주어진 책무를 '비현실적'이거나 공상적으로 하는 것이 아닌데도 말이다.

그러나 시인은 원래 사악하고 더러운 이 세상에서 속중들에게 따돌림 당하고 소외당하면서 살아가도록 운명 지워진 '문제적 개인'(뤼시엥 골드만)이고 '아웃사이더'(콜린 윌슨)이며 지상에 유배당한 '알바트로스'(샤를 보들레르)인 것이다. 그렇지만 또 동시에 존재의 근원과 순수를 끝없이 갈망하며 추구한다는 점에서 시인은 나른한 일상성의 늪에 매몰되기를 한사코 거부하는 '정신의 왕자'이며 절대순수를 지향하는 이상주의자이기도 하다. 이산 시인의 표현을 빌려 말한다면, "쉼 없이 물 위로 솟구치는/ 침어沈語들의 청숙淸淑한 진주" 같은 마음을 지닌 사람을 가리킨다.

어릴 적 할아버지 댁 삽작문 앞에는
오동나무와 짝을 이룬
마을 샘이 있었다
쉼 없이 물 위로 솟구치는
침어沈語들의 청숙淸淑한 진주
시인의 마음이다

설날 중국 CCTV가 보여 주는
타이리화의 천수관음 춤을 보았다
천 개의 눈
손 없는 시인의 눈이다

창가에 걸터앉는 은행잎 하나로
「가난한 연인들」을 쓰는 것은
여린 햇살에도
자멸하는 이슬 같은
시인의 눈물이다

—「시인」 전문

이처럼 이산 시인은 "어릴 적 할아버지 댁 삽작문 앞에" 있던 '마을 샘' 같이 늘 새롭게 신선함을 제공하는 마음이 시인의 마음이며, 천 개의 눈과 천 개의 손을 지닌 천수관음과 같은 영혼의 소유자가 바로 진정한 시인이라 말하고 있다. 이것은 시인 자신이 현재 그런 마음과 능력을 지니고 있다는 것이 아니라, "여린 햇살에도/ 자멸하는 이슬 같은" 투명한 눈물을 지닌 예민한 감수성의 시인이 되고자 부단히 정진하겠다는 바람을 겸허히 말한 것으로 볼 수 있다.

이러한 마음 자세로 자신을 낮추고 세상을 정다운 눈길로 바라볼 때, 언뜻 보기엔 별 볼일 없고 가난하고 비천한 듯한 이웃과 사물들에게서 시를 건져 올릴 수 있게 되는 것이다. 이산 시인 자신의 괴로웠던 숙취 체험을 사실적으로 묘사하고 있음이 틀림없는 「숙취」라는 시는 거창한 시적 이야기가

아닌, 지극히 평범한 에피소드를 통해 촉촉한 인간적 온정의 세계를 잘 드러내 보여 준다.

술이 워낙 약하다 보니
남들이 밤새도록 마시는 술
몇 잔도 나에게는 독배다

어젯밤 강술의 형벌은 끔찍했다
들이켠 탐욕과 오만을 모두 쏟아 내고
쓰디쓴 핏물까지 바쳤지만
밥통은 여전히 격한 파도에 곤두박질치고
머릿속은 날선 이빨로 물어뜯기고 있었다

누군가 등을 두들겼다
뒤를 돌아보니
청소 아줌마의 애잔한 눈길이
엉거주춤 서 있었다
책상 위에 술 깨는 약 갖다 놓았어유
화장실 안에 재스민 향이 가득하다

—「숙취」 전문

나는 이 시인이 실제로 술에 약한지 어떤지에 대해서는 아는 바가 없다. 그러나 이 작품이 실제 사실을 액면 그대로 묘사한 것이라면, 그에게 몇 잔의 술은 그야말로 '독배'요 끔찍한 '형벌'일 수 있겠다. 그렇지만 술을 마심으로써 밥통이 "격한 파도에 곤두박질치고" 머릿속이 "날선 이빨로 물어뜯기"는 듯한 고통을 겪었기에, 청소 아줌마의 따스한 손길과 애잔한 눈길을 만날 수 있었고, 그로 인하여 한 편의 감동적인 시까지 얻게 된 것이니, 술에게 오히려 고마워해야 할 듯하다. 청소 아줌마가 던지는 "책상 위에 술 깨는 약 갖다 놓았어유"라는 평범하지만 다정한 말 한마디에 화장실은 "재스민 향이 가득한" 아름다운 공간으로 변해 버리는 것이다. 이렇듯 세상은 남의 등을 두들겨 주는 조그만 배려와 온기 어린 인사 한마디의 힘에 의해 얼마든지 밝아질 수 있음을 시인은 쉬운 말로 전해 준다.

「외조」라는 작품에도 아줌마가 등장하는데, 그녀 또한 고달프기 짝이 없는 힘겨운 삶을 살아가는 변두리 인생임에도 조금도 절망적이거나 염세적인 어두운 표정을 짓지 않는 꿋꿋함을 보여 준다.

화서역 2번 출구 아래
오두막 같은 트럭 좌판의 메마른 낚시터에서
푸짐한 아줌마가 연신 잉어를 낚아 올린다
월척은 없다

좌판 밑
동그마니 서 있는 연탄화덕에는
찰옥수수가 양은솥에 갇힌 채 거친 숨을 몰아쉬며
이제 놔 달라고 안개비 같은 눈물을 쏟는다

옥수수 두 개만 싸 달라는 소리에

환하게 웃는 아줌마가
육중한 몸을 특공대처럼 날려
뜨거운 삶을 비닐봉지에 담는다

어둠에 몸을 감춘 스피커에서는
역 너머에서 좌판을 열고 있다는
아저씨의 목소리 외조만
늦가을의 밤을 더듬는다

마시꼬 쫀득쫀득한 찰옥수수가 있어요
따끈따끈하고 ㅇㅇ한 ㅇㅇ빵이 있~~
암만 들어도 무슨 소리인지 알 수가 없네요
승질이 급해서 그래유. 저도 뭔 말인지 몰라유

—「외조」 전문

"옥수수 두 개만 싸 달라는 소리에" 환하게 웃으며 "육중한 몸을 특공대처럼" 날리는 아줌마의 모습에는 슬프거나 음울한 구석이 전혀 없다. 장사도 부부가 함께 하지 못하고 따로 떨어져서 해야 하는 형편이기에, 아저씨의 외조란 게 고작 "어둠에 몸을 감춘 스피커에서" 울려 나오는 목소리 외조뿐이지만, 짜증을 내거나 신경질을 부리는 법이 없다. 스피커에서 끊임없이 흘러나오는 아저씨의 목소리에 대해 "암만 들어도 무슨 소리인지 알 수가 없네요"라고 화자가 물었을 때, "승질이 급해서 그래유. 저도 뭔 말인지 몰라유"라고 천연덕스레 대꾸하기까지 한다.

이 시는 아무리 어렵고 힘겨운 인생살이라 할지라도 결코

내팽개칠 수 없는 것이 우리네 삶이라는 것을 암시적으로 깨우쳐 준다. “화서역 2번 출구 아래”라는 구체적 현실 공간에서 목도한 삶의 풍경을 마치 동영상으로 찍은 것처럼 보여 줌으로써 살아 숨 쉬는 리얼리티를 살려 내고 있다. 허울뿐인 수사(레토릭)와 장식에 치우쳐, 언어의 불가해한 장난에 빠져버리기보다는, 카메라의 시선으로 포착한 현실 묘사를 통해 삶의 진실을 직접적으로 드러내는 방법을 취한다.

그렇다고 해서 이산 시인의 현실 묘사가 딱딱하고 메마른 사생寫生에 그친다는 말은 아니다. 인간과 사물을 묘사함에 있어 촉촉한 연민의 감정을 적절히 투사함으로써 감동의 파문을 일으키는 예를 빈번히 찾아볼 수 있다. 그 대표적 예를 들자면, 「산새 집」, 「그림자 이불」 같은 작품이 될 것이다.

어둠을 밟고 티 없는 찬 바람을 맞으며
안산 봉화대에 섰다
건너 벌거벗은 인왕산 옆으로
금박 보름달이
하늘가에 꾹 눌러져 있다

며칠 내로 명퇴를 결정해야만 하는
밀려나는 50대의 고뇌도
딸애 대학시험 낙방을 차마 바라는
한강철교 위 애비의 출렁거리는 눈빛도
용산역과 관광터미널 연결 고가 위
너부러진 무숙자의 삐죽 나온 발목에 신문이불 덮어 주는
어미의 젖가슴도

거두어 버린 형형색색의 전등불이
발아래로 자욱이 깔리는데

—「산새 집」 부분

어둠만 가득한
공원 벤치 위에 길게 누운
집 잃은 영혼

차가운 외로움에 고뿔 들까
잠 못 드는 나무 잎새
그림자 이불을
내리우고

허공에 뜬 발끝
애처로워
시린 눈물 떨군다
달빛!

—「그림자 이불」 전문

「산새 집」에 나오는 "금박 보름달이/ 하늘가에 꾹 눌러져 있다"는 즉물적인 회화적 묘사가 퍽 인상적이지만, 그보다는 "딸애 대학시험 낙방을 차마 바라는/ 한강철교 위 애비의 출렁거리는 눈빛"이라든지 "용산역과 관광터미널 연결 고가위/ 너부러진 노숙자의 삐죽 나온 발목에 신문이불 덮어 주는/ 어미" 등의 표현은 동시대를 더불어 사는 이웃들에 대한 시인의 연민이 얼마나 애틋한 것인지를 말해 준다.

「그림자 이불」에 나오는 "차가운 외로움에 고뿔 들까/ 잠 못 드는 나무 잎새/ 그림자 이불을/ 내리우고" 같은 구절 또한 연민의 감정을 넘어선 다사로운 자비의 세계를 잘 드러낸 감동적 표현으로 눈여겨볼 만하다. 특히 「산새 집」에 나오는 '신문이불' 과 「그림자 이불」에 나오는 '그림자 이불' 의 이미지는 읽는 이로 하여금 따스한 인간적 유대감solidarity에 감싸이게 한다.

이러한 인간과 사물에 대한 묘사가 바라보이는 대로의 사생寫生에 그친 것이 아니라는 데 가치가 있다 할 것이다. 그것은 '시인의 마음' , 즉 천수관음 같은 시인의 마음의 눈으로 세상을 바라보고 그린 내면 풍경으로서 단순한 데생과는 구분되는 것이다.

그러나 우리가 사는 세상은 복잡하기 짝이 없는 문명과 가공할 만큼 빠른 첨단과학의 발달로 말미암아 인간 스스로 제어할 능력을 상실해 버린 엄청난 위기에 봉착해 있다. 자연 또한 이지러지고 변질되고 훼손되어, 본질적 생명력과 질서를 다시 회복할 수 없을 정도로 파괴되어 버린 처참한 모습을 드러내고 있다. 한마디로 말해서 현대인들은 근원으로서의 존재의 고향을 잃어버리고 온갖 물질문명의 이기利器에 갇혀 길을 잃고 헤매는 불행한 존재가 되어 버린 것이다.

이산 시인은 「길」이란 시에서 우리가 처한 이러한 모순되고 부조리한 실존적 삶의 구조, 그 허구성을 계시적으로 드러낸다.

어둠이 짙어지면서
길은 또렷해졌다

만 개도 넘을 전등불로
대낮처럼 환한 서산 시내로 들어서자
방향을 잃었다
길을 물었다
손가락 끝이 허공을 몇 번 돌고
굳게 닫힌 입술이
바쁘게 움직일 듯 멈추었다가
무겁게 한마디 내려놓는다
그냥 쭉~ 딴 데로 안 새면 오 분이면 갈 거유
몇 굽을 돌고 또 몇 개의 사거리를 지나자
터미널이 보였다

—「길」 전문

"어둠이 짙어지면서/ 길은 또렷해" 지는 데 반해, "만 개도 넘을 전등불로/ 대낮처럼 환한 서산 시내로 들어서자/ 방향을 잃" 어버리는 역설적 상황이 전개되는 것이다. 그러니까 오늘날의 인간들은 쉽고 단순하게 찾아갈 수 있는 길을 바보처럼 복잡하게 만들어 놓아, 엉뚱하게 헤매게끔 한다고 할 수 있다. 이야말로 자가당착이요 자기모순에 빠진 오늘날의 문명인의 모습이 아닐 수 없다.

이러한 물질문명에 대한 비판의식으로 말미암아 역으로 잃어버린 원초적 세계를 그리워하며 갈망하는 '존재의 노스탤지어' 에 사로잡히게 되는 것은 시인으로서는 당연한 일일 것이다. 「내 고향 사뜸」을 비롯한 여러 편의 고향 찬가는 물론이거니와, 낯익은 동물과 식물을 가족의 일원으로 여기며 노래하고 있는 자연 찬가 또는 생명 예찬의 시편들 「까치 소리」, 「나 여기 있소!」 등이 보여 주는 절실한 생명 사랑은 고향 상실의 결핍이 야기하는 반작용이라 할 수 있다.

이번 시집 『사뜸마을의 샘』에 수록된 시편들 중 가장 긴 시편에 해당하는 「눈」은 자신의 "자리를/ 아낌없이 내주"는 가장 순결한 헌신의 상징인 하얀 '눈'을 통해 시인의 순수를 향한 의지 또는 지고한 세계로 상승하고픈 의지를 절절히 드러내 보여 주는 대표적 작품이라 하겠다.

1
기별도 없이
내려앉는
눈송이 송이

서로의
머리, 어깨, 무릎 위
자리를
아낌없이 내준다

(…중략…)

3
하늘과 땅
너와 나

하얗다 하얀 마음이다
눈송이 송이

가차 없이 짓밟히는
정욕의 발자국, 진창에
머리 둘 곳 없는 순결

(…중략…)

5
오욕의 채찍, 찢겨진 살점을 제물로
세상의 모든 죄를 안고
눈송이 송이

부활의 햇살을 받아
승천을 한다

—「눈」 부분

위의 인용에서 볼 수 있는바, "가차 없이 짓밟히는/ 정욕의 발자국, 진창에/ 머리 둘 곳 없는 순결"로 표상된 눈이 "오욕의 채찍, 찢겨진 살점을 제물로/ 세상의 모든 죄를 안고" 부활하여 하늘로 다시 올라간다는 것은 물리적 차원에서는 쉽게 받아들이기 어려운 이야기이다. 지상에 떨어지는 눈이 땅에 닿자마자 소멸해 버리고 마는 덧없음을 상징하는 사물임을 생각할 때, 눈이 "부활의 햇살을 받아/ 승천을 한다"는 것은 기독교적 부활을 상기시키는 성스러운 종교적 의미를 내

포하고 있다 할 것이다. 그만큼 눈의 상징성을 최대한 끌어올린 것으로 볼 수 있다. 이처럼 이산 시인은 지극히 일상적인 사물에조차 뜻깊은 가치와 숭고미崇高美를 부여함으로써 삼라만상森羅萬象의 어느 것 하나 서로 관계없는 것이 없고 소중하지 않은 것이 없음을 깨닫게 한다.

그의 상당수 시편들이 주로 가족과 이웃, 그리고 변두리 인생의 고달픈 생활현실을 묘사하는 데 초점을 맞추고 있거나 물질문명의 홍수에 떠밀려 사라져 가는 오래된 사물들을 즐겨 노래하는 이유가 다름 아닌 따뜻한 '선의bonne volonté의 인간' 의 시학에서 비롯된 것임을 확인할 수 있다.

하지만 이번 시집에서 종종 접할 수 있는 관용적인 관념적 표현들, 일반적으로 떠돌아다니는 상식적 정보들을 안이하게 시적 소재로 다룸으로써 긴장감을 떨어뜨리는 일차원적 구도의 단순한 전개 등의 문제는 하루 빨리 극복해야 할 취약점으로 지적하지 않을 수 없다. 그러기 위해서는 좀 더 예리한 세계인식의 심화와 힘찬 역동적 상상력이 요구된다고 하겠다.

아무튼 첫 시집의 출간을 축하하며 앞으로 더욱 정진하여 흠잡을 데 없는 완성미를 보여 주기를 기대한다.

시인 이산

본명 김영환
충북 청주 출생
2005년 계간 『대한문학세계』 신인문학상,
2007년 황금찬 추천으로 월간 『문학세계』로 등단
한국문인협회 회원
청주대 · 연세대 대학원 경영학과 졸업
동방대학원대학교 자연치유학 박사학위 취득
해군 OCS 73차(해군중위)로 군 복무
현 한국은행 정보자료팀장

E-mail : isan@hanmail.net

사뜸마을의 샘

지은이 | 이산
펴낸이 | 설보혜
펴낸곳 | Poetics 시학
1판1쇄 | 2010년 2월 28일
출판등록 | 2003년 4월 3일
주소 | 서울 종로구 명륜동1가 42
전화 | 744-0110
FAX | 3672-2674

값 8,000원

ISBN 978-89-91914-90-2 03810